LE LIVRE DE MARIE
OU LE
NOUVEL ANGELUS
DE LA TRÈS SAINTE VIERGE

Écrit sous son inspiration et avec son secours
LE 15 JUIN 1899

Par son très humble enfant

JOSEPH BENTÉJAC DE LIBERSAC DE PUYDAUPHIN
Comte DU BOIS DE LA GRÈZE

Licencié en droit

Trente-deux acrostiches gracieux et de bon goût sur des petits noms de femme, ainsi que diverses poésies, sont à la suite du " Nouvel Angelus ".

Prix : 0 fr. 80 c.

MARMANDE
IMPRIMERIE DEMEAUX, 18, RUE PUYGUERAUD
1899

Reproduction interdite.

LE LIVRE DE MARIE
OU LE
NOUVEL ANGELUS
DE LA TRÈS SAINTE VIERGE

Écrit sous son inspiration et avec son secours

LE 15 JUIN 1899

Par son très humble enfant

Joseph BENTÉJAC de LIBERSAC de PUYDAUPHIN

Comte du BOIS de la GRÈZE

Licencié en droit

Trente-deux acrostiches gracieux et de bon goût sur des petits noms de femme, ainsi que diverses poésies, sont à la suite du " Nouvel Angelus ".

Prix : 0 fr. 80 c.

MARMANDE
IMPRIMERIE DEMEAUX, 18, RUE PUYGUERAUD
1899

Reproduction interdite.

A SA GRANDEUR
Monseigneur FALLIÈRES
Evêque de Saint-Brieuc

Monseigneur,

Delicta majorum immeritus lues, *a dit à l'innocent issu d'une race coupable le poète ami et admirateur de Mécène.* (1)

Mais si le châtiment peut atteindre un criminel jusque dans sa descendance, celui qui ressent le gré d'une bonne et généreuse action a le droit d'aller tout aussi loin en désigner le bénéficiaire.

C'est pour cela qu'ayant à me louer hautement des procédés si nobles et si chrétiens envers moi de Monsieur A. Fallières, curé-Archiprêtre de Lauzun, votre très digne cousin, j'ai tout lieu de vous prier de me faire l'honneur d'accepter, comme signe de la solidarité qui vous unit, la dédicace du Nouvel Angelus, le Livre de Marie.

Dans ses sentiments pour vous, exprimés un jour en ma présence, je puise, Monseigneur, la respectueuse estime et la profonde vénération avec lesquelles j'ai l'honneur de me dire
de Votre Grandeur
le serviteur très humble et très obéissant.

Joseph BENTÉJAC de LIBERSAC de PUYDAUPHIN
Comte du BOIS de la GRÈZE
Licencié en droit.

(1) Odes d'Horace.

UN SECOURS VENU D'EN HAUT

Voici fidèlement ce qui m'est arrivé.

Le 14 juin 1899, à minuit, je quittais Paris me rendant à Bordeaux, presque désespéré par l'insuccès absolu de mes démarches pour me créer une situation, rêvée pourtant bien modeste, dans la presse parisienne.

Victime d'un désastre financier, et plus tard ayant vu sombrer jusqu'aux épaves de ma petite fortune, d'une façon inique et cruelle, je me voyais bientôt sans ressources.

Poète et les yeux en pleurs, je voulais chanter ! Demander à la Muse, en charmant les autres, de me consoler et me rendre la vie.

Mais, hélas ! depuis que le petit Savoyard, dont j'avais renouvelé l'aventureux voyage, avait été recueilli, mourant de faim et de froid, la pitié s'est faite plus rare encore sur la terre.

« O Sainte-Vierge, disais-je, ne m'abandonnez pas, moi qui ne vous ai jamais tout à fait oubliée.

« J'avais une mère qui m'aimait bien ; elle était bien vieille, car je ne suis bientôt plus jeune, et, voilà deux ans, Dieu me l'a prise !

« Désormais, je suis seul... Lorsque je me retourne vers le clocher du sol natal, c'est de son seul tombeau, peuplé d'êtres justement chéris comme elle, « la seule demeure là-bas qui ne me soit pas étrangère »,[1] que j'attends encore un aimable, un souriant accueil !

« O Vierge, souvenez-vous que j'ai chanté Saint-Joseph à seize ans, et vous aussi beaucoup plus tard, mais d'un cœur toujours jeune, toujours aimant ! »

Et je ne vous priai pas en vain. Comme la croix brillant au bout du long rosaire dont la vue fit tressaillir l'enfant engourdi, le pauvre voyageur éploré reconnut votre secours en entendant une douce voix lui dire :

« Reprends ton luth gisant à terre ; complète mes louanges, mon original petit acrostiche, en faisant ceux de Jésus et de Joseph. »

Et je les chantai bien vite, ces noms bénis, car vous étiez compatissante et bonne au point que mes chants paraissaient vous plaire !

Vous m'avez dicté ensuite votre *Angelus*, poésie et prière tout ensemble, variante aimée de vous, où est enchâssé l'angélique salut de Gabriel, comme dans un reliquaire qui vous appartient.

Mais là ne se sont pas arrêtées les marques divines de votre bonté.

Les 13 et 14 juillet 1899, revenant aux sources vives qui désaltèrent, j'ai refait le pélerinage de Verdelais, un des plus vivants souvenirs de ma fugitive enfance.

Là encore vous m'avez suggéré, comme dans le wagon, de mettre à portée des cœurs chrétiens votre poétique et religieuse inspiration, par la voie des pélerinages, sur le seuil de vos plus vénérés sanctuaires.

Et c'est à Verdelais, dans ce beau site miraculeux de la Gironde, où toute la gloire du Golgotha semble se presser sur le Calvaire, que vous avez daigné, ce même jour, m'inspirer encore ce sonnet qui complète le premier et où vibre notre prière montant vers vous, ô Marie :

Ave, ora pro nobis!

. . . .

En publiant ces poésies, j'ai voulu que le monde catholique fût édifié à son tour par ces effets de la protection visible dont je suis à jamais reconnaissant.

[1] Soumet.

Je donne à la scène décrite, comme cadre et gravure, un train de chemin de fer emportant ses voyageurs de Paris vers Bordeaux le 15 juin 1899.

Non loin du train, dans la direction du ciel pur, est une forme éblouissante, au front surmonté de l'auréole céleste, Muse divine venue au secours du pauvre poète, en qui j'ai reconnu la Consolatrice de tous les affligés.

Joseph BENTÉJAC de LIBERSAC de PUYDAUPHIN

Comte du Bois de la Grèze

Licencié en droit.

HOMMAGE A SAINT-JOSEPH [1]

C'était avec bonheur que je voyais venir
Ce beau mois consacré, Joseph, à te bénir ;
Ce mois, dont chaque jour rappelant ta mémoire,
Fait éclore en nos cœurs un hommage à ta gloire.
Je viens, bien faible enfant, d'un tel honneur confus,
Chanter, non sans amour, ta gloire et tes vertus ;
Tes mérites, grand Saint, dont l'épouse féconde,
Vierge, enfanta le Maître et le Sauveur du monde.
Il est un don pieux que j'offre à ta grandeur :
Rends-le digne de toi, c'est le don de mon cœur.
Oh ! garde-le toujours ! qu'il devienne le gage
Du bonheur qui m'attend au céleste héritage.
A celui de Jésus enfant daigne l'unir,
Qu'ils s'unissent tous deux pour toujours te bénir !
Et si je ne puis pas, comme au mois de Marie,
Orner ton chaste front des fleurs de la prairie,
Dans mon cœur à jamais élevant un autel
Je veux rendre à ta gloire un culte solennel
Et m'attacher à toi, dans mon heureux voyage,
Comme l'âme à l'espoir, comme l'ancre au rivage !

---

[1] J'étais en rhétorique chez les bons pères Jésuites. Pendant le mois de mars, dans chaque classe, un élève était désigné, chaque jour à tour de rôle, pour préparer, en l'honneur de Saint-Joseph, un morceau de son choix. Ce fut mon tour le 19 mars, comme c'était aussi ma fête.

ACROSTICHE

Sur les saints noms de JÉSUS, MARIE, JOSEPH

Je suis, je règne seul, Etre, divine essence.
Éternel, tout s'absorbe en ma toute puissance.
Sur la croix j'ai vaincu la mort, — ouvert les cieux,
Un signe rédempteur soutient votre espérance.
Suivez ma croix qui mène au destin glorieux.

En wagon, 15 juin 1899.

Mère ton nom est doux comme un chant de colombe.
A l'appel de ta voix nos cœurs n'hésitent plus.
Rayon d'espoir, tu suis l'homme jusqu'à la tombe.
Il siège, à toi docile, au banquet des élus,
En toi nous saluons et Joseph et Jésus.

Mai 1896

J'aime invoquer Jésus et Marie et Joseph.
Oh ! les membres sacrés de la sainte famille !
Signons-nous à leurs noms où tant de grâce brille.
Et Jésus s'inclinait devant l'auguste chef.
Pour vous trois sont nos cœurs pleins d'amour, non de crainte,
Heureux, divins reflets de la Trinité-Sainte !

En wagon, 15 juin 1899.

ACROSTICHE-SONNET

sur la Salutation angélique

Ave Maria gratia... plena.

Angelus, dis-nous bien, le soir et le matin,
Vers le milieu du jour, ton salut à Marie.
Exalte notre amour et charme notre vie.
Musicale prière au doux son argentin.

Annonce à tout venant le mystère divin ;
Redis que d'obéir la Vierge étant ravie.
Il advint qu'elle fut de la grâce remplie...
Ah ! ce charmant récit répète-le sans fin !

Gentille fleur, en toi que de gloire étalée :
Rose mystique et lis très pur de la vallée
A ton flanc se forma le plus haut rejeton.

Ta race, ô roi David, certes n'est pas à plaindre :
Il se rallume enfin l'astre près de s'éteindre,
Ah ! qu'en tous lieux, Marie, il soit béni ton nom !

En wagon, 15 juin 1899.

ACROSTICHE SUR *Plena*

Paray-le-Monial, Anne-d'Auray, Fourvières,
Lourdes, où l'univers marche sous ta bannière,
Entonnant le cantique en ton nom : Gloria !
Nous, chacun dans son cœur, modeste sanctuaire,
Avec l'ange voulons dire : Ave Maria.

16 juin 1899.

L'antique sanctuaire de Paray-le-Monial n'est pas le seul dont la Très Sainte-Vierge se fasse gloire et honneur sur l'acrostiche. Elle est fière de toutes les résidences élues par elle au milieu de ses enfants. La chapelle de Pibecque ou Pibèque, monument gracieux et du meilleur goût, création toute récente, est vraiment digne de la Reine du Ciel. Ecrions-nous aussi :

Pibecque,(1) Verdelais, Notre-Dame,(2) Fourvières,
Lourdes, Rocamadour, d'où montent nos prières,
Entonnent le cantique en ton nom : Gloria !

Que Marie est heureuse du relèvement, à Pibecque, de ses autels et de la restauration magnifique de son culte ! L'immortelle légende ou plutôt la tradition a conservé dans les cœurs le souvenir de ses divins bienfaits. Ce 15 août, j'avais la bonne fortune de me trouver à Pibecque. Marie était rayonnante au moment d'emporter au ciel les vœux et les prières des populations pressées autour d'elle.

Ancienne et toujours jeune souveraine de l'Armagnac, en cette solennelle rentrée dans vos Etats, je vous rends hommage, ô ma protectrice, je vous salue.

A une faible distance au-dessous de la chapelle, dans un lucus ou bois sacré mais très chrétien, jaillit toujours une source bienfaisante, renommée au loin, charme de ce lieu, symbole du torrent de grâces.(3)

---

(1) Comment oublier Peyragude, la chapelle aérienne consacrée à Marie, que contemple et révère toute la vallée du Lot !

Peyragude nid d'aigle, Anne-d'Auray, Fourvières,
Lourdes et Bon-Encontre, où flotte ta bannière,
Et Saint-Colomb s'écrient en ton nom : Gloria !
Nous, chacun dans son cœur, etc...

(Bon-Encontre, près d'Agen ; Saint-Colomb, dans le canton de Lauzun).

(2) Notre-Dame-des-Victoires, à Paris.

(3) Le site frais et champêtre de Pibecque, dans la paroisse d'Areix, commune de Castelnau-d'Auzan, en Condomois, forme presque la limite entre les départements du Gers, des Landes et de Lot-et-Garonne. La station de Saint-Pé-Saint-Simon, sur la ligne de Nérac à Mont-de-Marsan, en est distante, par les bords de la Gélise, de trois kilomètres.

ACROSTICHE-SONNET A LA VIERGE

Ave, ora pro nobis !

Accours, je vois les tiens cloués au pilori.
Vers toi va leur salut : Ave morituri. [1]
Et que daigne Jésus venger leur innocence !
Opprimés, dis-leur bien, conservez l'espérance.

Repentir, vers le ciel vont tes sanglots, ton cri !
Ah ! Vierge que te plaît la voix d'un cœur contrit !
Pour lui tu sais trouver des trésors d'indulgence.
Reine, soit, grâce à toi, remise son offense !

Ora ! que ta prière, encens, monte pour tous.
Nous te le demandons, Marie, à deux genoux.
Ora ! que sur tes fils, rosée, elle retombe.

Bénis l'heure suprême où, vers l'heureux séjour,
Il faudra que notre âme, en un élan d'amour,
S'envole d'ici-bas, ainsi qu'une colombe.

14 juillet 1899.

---

[1] Latin qui signifie : nous te saluons, nous qui allons mourir.

Par la publication des poésies qui précédent, d'un doux souvenir pour moi, d'un espoir réconfortant, j'ai donné satisfaction à ma filiale gratitude envers la Très Sainte-Vierge, j'ai travaillé de mon mieux à l'édification de ses enfants.

Néanmoins, j'ai l'honneur d'en offrir trois autres à mes pieux lecteurs, qu'ils trouveront dignes, à cause du sujet chrétien de chacune d'elles, de toute leur attention.

Vers à une fillette de quatre ans, aux beaux yeux noirs, Magdeleine.

Maîtresse de toi-même, et de personne plus !
A l'amour le plus pur vouant ton existence
Grandis, et sois surtout grande par tes vertus
Dont le germe divin brille en ton innocence.
Empli de ces beaux lis garde ton cœur d'enfant.
L'amour, vivante flamme, en de beaux yeux s'étale,
Et les tiens sont bien faits pour ce brasier ardent.
Il faut du saint Amour demeurer la vestale !
N'entretenir en toi que le feu pur, sacré,
En qui le Dieu jaloux et aimant se complaît.

PHILIPPE TAMIZEY DE LARROQUE [1]

Un nom, celui d'un chrétien et d'un travailleur, comme il se nommait lui-même, qui rappelle et fait aimer la vieille France.

Vivant, tous l'aimaient.

Défunt, il a été salué dans la presse par les hommages nombreux et flatteurs d'hommes de mérite.

Un de ses meilleurs amis, lui aussi adonné aux travaux de l'esprit, Monsieur le comte de Dienne, les a réunis, faisceau glorieux, et en a fait la bibliographie. Il dit un mot sur chacun, attention et œuvre délicates où son charme d'écrivain épris d'un tel sujet se répand, comme un délicieux parfum, sur cette mémoire.

Remplissant un devoir auxquels me conviaient un élan sympathique et le souvenir d'une noble origine qui est aussi la sienne, je lui ai adressé l'hommage d'une poésie dans laquelle est gravé son nom.

Que Monsieur le comte de Dienne, dont je connais la bonté, veuille bien me faire l'honneur d'accepter la dédicace de ces vers. Ils auront le mérite de rappeler deux noms déjà rapprochés par des relations cordiales.

Celui qui me les a inspirés habitait, près de Gontaud (Lot-et-Garonne), un pavillon édifié sur sa terre de Larroque, au haut d'une colline. Par une fiction dont je dois avertir le lecteur, j'en ai fait un temple, panthéon royaliste et chrétien, où il revit, avec d'anciens preux qu'il a mis en relief, dans une atmosphère d'héroïsme et de foi qui monte du passé, dont elle est l'honneur, en attendant qu'aux yeux de générations tournées vers un noble idéal, elle en devienne le magique attrait.

---

[1] Il était membre correspondant de l'Institut et de nombre de sociétés savantes de l'Europe. En mai 1898 à ses derniers moments, une pure et fraîche rose fut remise entre ses mains. Il l'y garda quelques instants, puis il dit : « Portez-la de ma part à la Sainte-Vierge... » Suprême et touchante inspiration qui, à elle seule, justifierait la place qu'il occupe ici dans le " Livre de Marie ".

ACROSTICHE

Sur le nom Philippe TAMIZEY de LARROQUE

Dédié à Monsieur le Comte de DIENNE.

Parmi nous tu passas, comme un preux, comme un sage,
Héros digne à jamais des beaux temps disparus.
Il te plut d'en garder, pour ta part d'héritage,
Le culte délaissé des antiques vertus.
Il te plut d'arracher ses secrets à l'histoire,
Passé dont ton œil d'aigle a vu la profondeur.
Poètes, guerriers, savants t'ont dit sa gloire
Et son ardente foi, source de sa grandeur.

Ta main fit élever un temple grandiose
A tous ces nobles preux que ton œuvre évoqua.
Mais pour eux et pour toi c'est une apothéose :
Il est le Panthéon, car vous êtes tous là.
Zeus ! (1) des siècles passés là dorment les reliques !
Et le siècle prochain viendra les vénérer.
Y pensons-nous assez aux vieux temps héroïques ?

D'où viendra donc l'élan qui les doit ramener
Et qui nous guidera dans cette nuit profonde ?

L'élan ? il est donné : fuyons ce lourd sommeil
Artistes, écrivains, soldats et gens du monde.
Regardez : l'ombre fuit et le ciel est vermeil.
Rallions-nous au cri : Vive l'ancienne France !
Oh ! puisse retentir cette clameur immense :
Qu'il soit le fils des rois, sacré par toi, Léon !
Un labarum nouveau paraît, douce espérance.
Enfants, c'est l'étendard, il flotte au Panthéon !

15 janvier 1899.

(1) Zeus, en grec, veut dire Jupiter ou Dieu.

ACROSTICHE

adressé à Monsieur l'Archiprêtre Fallières, l'éminent et très digne curé de Lauzun, à propos de son éloquente oraison funèbre de Madame Veuve de Trincaud-Latour, noble femme dont l'existence presque séculaire a été assaillie de ces épreuves que la Providence réserve aux plus grands cœurs, seuls capables de les surmonter.

    Faut-il au front des rois envier la couronne ?
    Aux ministres puissants un renom mérité ?
    Leur gloire est emportée, hochet qui tourbillonne.
    La vertu ne craint pas les coups, adversité.
    Il est dans tes discours ce ton évangélique
    Et leur enseignement porta plus que ce fruit.
    Reste des grands trépas l'orateur magnifique
    Et qu'à ta douce voix la chaire catholique
    Soit le phare immortel qui vers le port conduit !

    C'est une fête, en foule on accourt au saint temple.
    Un murmure flatteur s'élève sur tes pas,
    Rendant grâces à Dieu chacun redit tout bas :
    En lui nous avons tout, le précepte et l'exemple.

    De ce charmant pays dont l'amour te révère
    Et qui me vit enfant, il faut me séparer.

    Le sort cruel m'arrache au tombeau d'une mère...
    Ah ! que vivre est amer et qu'il est doux pleurer !
    Un bien peut en surgir, le malheur est un maître.
    Zéphir, souffle éternel, Esprit qui m'inspirez,
    Unissez votre voix à celle du saint prêtre :
    Ne m'abandonnez pas, souvenez-vous, priez.

                      30 Décembre 1898.

Monsieur l'Archiprêtre Fallières est cousin de Monseigneur Fallières, évêque de Saint-Brieuc, et aussi de Monsieur le Président du Sénat.

Ancien professeur de rhétorique au Petit-Séminaire d'Agen, sa réputation est celle du plus fin et du plus délicat lettré. Après m'avoir remercié, ce 3 janvier, de mes « charmantes étrennes » en termes si gracieux qu'ils en étaient pour moi de meilleures, voici ses conseils à l'occasion de mon départ pour Paris auquel se réfèrent mes derniers vers : « Parlant avec cette facilité la langue des Dieux, vous ne pouvez manquer de trouver l'emploi de votre talent parmi les simples mortels. Puissiez-vous donc obtenir bientôt un poste dans une de ces revues, dans un de ces journaux ! Je suis assuré que vous ne chanterez que ce qui mérite de l'être : Dieu, la patrie, l'honneur, les enfants et les chastes amours. Mes vœux et mes prières vous accompagneront dans la capitale. Paris c'est Babylone, mais c'est aussi Jérusalem. Vous saurez y conserver la foi et les bonnes mœurs que vous apporterez de notre cher pays. »

Il y a un peu plus d'un an, il fut informé d'une déception qui m'enlevait une douce espérance d'avenir. Voici le baume exquis versé par sa charité sur ma blessure : « Je le regrette pour vous qui avez un cœur si noble, un esprit si cultivé et un caractère si loyal. »

Le 6 août 1899, touché de mon abandon, au moment où je quittais Lauzun, il me remit cette recommandation : « Je soussigné, curé-Archiprêtre de Lauzun, déclare connaître depuis plusieurs années Monsieur Joseph Bentéjac. C'est un garçon chrétien, loyal, intelligent, écrivant en vers aussi facilement qu'en prose.

« N'ayant pu conserver ses anciennes propriétés et désirant vivre honorablement, il a cherché et cherche encore une place qu'il ne rencontre pas malgré toutes ses démarches. Sa situation est malheureuse et vraiment digne d'intérêt.

« En conséquence, je me permets de recommander Monsieur Bentéjac à la bienveillance de toutes les personnes dont l'influence pourrait s'employer à lui procurer un poste convenable, si modeste qu'il fût.

« Quiconque obligera mon protégé peut être sûr de rencontrer chez lui une gratitude aussi vive que durable. » Le curé de Lauzun, ch. hon., signé : A. FALLIÈRES.

La lettre que monsieur l'Archiprêtre Fallières me fait l'honneur de m'écrire, le 16 août 1899, débute ainsi : « ✝ Monsieur, hier, en la grande fête de l'Assomption, je me suis souvenu de vous en célébrant la messe. J'ai prié la benoîte Vierge Marie de protéger le pauvre poète qui l'a si souvent et si harmonieusement chantée. » En voici la fin : « Un philosophe païen, Sénèque, a écrit que le plus beau spectacle que la terre puisse présenter au ciel, c'est le spectacle d'un homme de bien aux prises avec la fortune adverse. Il me semble que vous êtes cet homme et je ne puis croire que vous ne triomphiez pas bientôt des rigueurs apparentes de la destinée. Ce jour, je l'appelle, croyez-le bien, de tous mes vœux. Veuillez agréer, Monsieur, l'assurance de mes meilleurs sentiments. » Signé : A. Fallières, curé de Lauzun.

La modestie de mon éloquent consolateur souffrira beaucoup de cette divulgation de poésie, de lettres, de sentiments qui révèlent en cette âme tant de bonté et de noblesse. Soulever ce voile, où elle fuit les regards, est peut-être la seule chose qu'il m'eût refusée, mais elle m'est vraiment trop précieuse !

Il lui semble voir en moi l'homme de bien de Sénèque. Et lui, l'apôtre indulgent, ami des déshérités, ne rappelle-t-il pas Caton restant fidèle à la cause trahie par la fortune, tandis que les dieux passaient au vainqueur ?

Comment s'étonner que, sous l'égide d'une protection si chrétienne dont l'intercession auprès de Dieu et de la Vierge doit leur être si agréable, le pauvre poète ait trouvé l'appui céleste dans le wagon ? Que cet appui ait reparu, aussi ferme, aussi consolant, un mois après, au pied des collines de Verdelais ?...

Adorant les desseins de la Providence, il faut se demander ce que peut bien avoir à redouter le malheur, quand il obtient pareilles promesses, pareille faveur au ciel et sur la terre.

SPÉCIMENS D'ACROSTICHES

Spontanément offerts à des dames et à des demoiselles ou dont elles m'avaient adressé la flatteuse demande.

A Madame Antonia X...
tante affectionnée de deux jeunes personnes.

Aux beaux jours de l'été dont tu goûtes les charmes
Nous voyons s'allier la fraîcheur du printemps.
Ton éclat c'est l'été ; la fraîcheur ces enfants,
O rose que deux lis humectent de leurs larmes !
Nid d'amour, que Verfeuil a de joyeux accents !
Il n'est que chants d'oiseaux, dans l'air, notes sonores :
Au seuil de la maison s'éveillent deux aurores.

Aux mêmes jeunes personnes
sur le nom de leur mère.

Bénissez le Seigneur, enfants, charmantes filles,
En qui sa main plaça le germe des vertus.
Rejetons que le ciel donne aux bonnes familles,
Trésors dont l'innocence est un attrait de plus.
Heureuse est votre tante, honneur à vos deux mères
Et que soient leurs deux noms mêlés à vos prières !

A Mademoiselle Berthe B...

Bien court il fut l'instant où nous nous rencontrâmes
Et depuis... l'entretien échangé par nos âmes
Retentit sur ma lyre et m'invite à chanter.
Tu le caches en vain ton charme, il se devine :
Hommage aux grands yeux noirs, à la taille divine !
Et puis je faire mieux, loin d'eux, que d'y songer ?

A Mademoiselle Carmen X...
*que je n'ai pas l'honneur de connaître, pour qui
une sienne amie, vue en passant, me pria de
faire un acrostiche, sans me rien dire d'elle.
Je me tirai ainsi d'embarras :*

Certes il est joli, ton nom, qu'on le répète !
A le dire aux échos ma voix est toute prête.
Rien, hélas ! que ce nom de toi ne me parla.
Mais de la blonde enfant qui me le fit connaître
Emprunte la fraîcheur, les longs yeux bleus, peut-être
Nous t'aimerons autant qu'elle sous ces traits là !

A Madame la Vicomtesse Cécile de la M...

Couronne sur ton front, ta noble chevelure
Est faite pour séduire et charmer tous les yeux.
C'est un cadeau royal offert par la nature,
Il s'étale sur toi comme un manteau soyeux.
L'effet en est charmant, la brise le caresse,
Et tous seraient heureux d'en avoir une tresse.

A Mademoiselle Donatille de la B...

Dore ton horizon des rêves les plus doux,
Ouvre avec volupté ton âme à l'espérance,
Naïve enfant, les pleurs, les chagrins sont pour nous,
Avec dix-sept printemps c'est si beau l'existence !
Tu fus, quand tu naquis, un don chéri des cieux.
Il suffit de te voir et de toi, Donatille,
La raison dit : charmante et la rime : gentille.
L'intérêt qu'on te porte est peint dans tous les yeux,
Espère en l'existence, ô grande et noble fille !

A Mademoiselle Elise E...

En ton regard si pur, ton front jeune et joyeux,
L'ange mit son empreinte en descendant des cieux.
Il veille, heureux gardien, sur ton âme ingénue,
Sur tes charmants attraits sa grâce est répandue
Et frère et sœur avez l'air d'être tous les deux.

A Mademoiselle Fernande R...

Fleur, il n'est rien d'amer au fond de son calice,
Enfant, elle est pour nous l'objet d'un doux caprice ;
Refuge des vertus son cœur est un trésor.
Ne parlons pas d'amour car il sommeille encor.
Aux vierges de treize ans elle sert de modèle,
Ne contristant jamais son Ange assis près d'elle.
Digne par tous ses dons de succès éclatants
Elle est déjà l'orgueil, l'espoir de ses parents.

*A une jeune femme, commerçante,
Madame Françoise X..., habitant la région
indiquée dans l'acrostiche.*

Français, sursùm corda ! dit une noble femme [1]
Ravivant en nos cœurs la plus haute vertu.
Aux glorieux accents venus de sa grande âme
Nos cœurs régénérés ont déjà répondu.
C'est l'amour, la beauté qu'elle nous recommande.
Oh ! ce culte, qui mieux que toi nous l'inspira ?
Il t'est fait en nos cœurs une place bien grande.
Si tes clients vont voir Bergerac ou Marmande
En eux ton souvenir te les ramènera.

---

(1) Mademoiselle Jeanne Loiseau, dont les beaux vers sur ce sujet : " Sursùm corda ! ", obtinrent, il y a quelques années, de l'Académie Française, un premier prix ex-æquo, je crois, avec ceux de M. le vicomte de Borrelli, une poésie de grand style.
Je ne résiste pas au plaisir de citer la dernière strophe de Mademoiselle Loiseau, qui est restée dans ma mémoire comme un riche ornement :

Vers tout ce qui sourit, vers tout ce qui rayonne,
Vers l'amour, la beauté sans faste et sans couronne.
Vers Dieu qui nous guida ;
Vers l'art, vers la science aux lueurs souveraines,
Vers la fraternité, vers la bonté, ces reines,
Français, sursùm corda !

A Mademoiselle Gabrielle C...

Grand est son goût pour le noble jeu de croquet.
A se pousser au but oui vraiment elle excelle
Bousculant sans pitié les boules devant elle.
Regardez-là, quel air vif, enjoué, coquet !
Il n'est si fin babil que le bruit qu'elle fait.
Elise et sa maman, Hélène, ses rivales,
La défient au croquet et même au piano.
Leur mérite est réel, leurs forces sont égales
Et ma Muse leur donne un seul prix ex-œquo.

A Mademoiselle Gabrielle S...

Gracieuse fillette à chevelure blonde,
Aux yeux bleus, au teint frais, de taille souple et ronde,
Bien fugitif l'instant où nous nous sommes vus !
Rien de moi ne te parle... il ne t'en souvient plus.
Il en est autrement du sensible poète
En qui revit toujours celle qui l'enchanta.
Les tendres noms aimés, son cœur les lui répète ;
Le tien, au riche album, aura place en vedette.
Et poète est épris aussitôt qu'il chanta.

A Mademoiselle Hélène C...

Harmonieux accents qui vibrez dans sa voix,
En vous nous saisissons un écho de son âme.
L'oreille suit aux cieux cette montante gamme
Et le cri de bravo ! seul interrompt parfois.
Ne pouvant faire mieux le rossignol admire
Et moi je sens frémir les cordes de ma lyre.

*A Mademoiselle Henriette de Garvilh,
d'origine écossaise, qui a pris le voile.*

Hélas ! mon cœur soupire
Et, pour l'hymen si doux,
Ne fait, en son délire,
Rien que songer à vous.
Il s'exalte, il s'enflamme
Et ses désirs sont fous !
Tout ce que j'ai dans l'âme,
Tout s'envole vers vous !
Enfin tant de souffrances

Doubleront mon amour,
Et Dieu dise à mes chances :

Grandissez chaque jour !
Ah ! sois la bienvenue,
Rayonne en mon destin,
Vierge trop ingénue,
Il faut aimer enfin !
Le cœur en moi répète :
Halte ! aux pieds d'Henriette !

Avril 1892

Souvenir à une dame habitant ordinairement les colonies qui promit, ce printemps, au pauvre poète, de lui chercher une riche et sentimentale créole.
Madame Ida Vochet.

Ida, le Créateur en toi se surpassa !
De cœur nous préférons la femme à la déesse,
A lui donner la palme ici chacun s'empresse.

Vous approuvez, Messieurs ? Tous répondent : ouida !
Oh ! prends comme un carquois ton filet à la hanche,
Chasseresse, pourvoie au dîner d'un héron,
Héron point dédaigneux qui n'a pas pris de tanche
Et qui redoute fort dîner d'un limaçon.
Tu penseras à lui : que son repas soit bon !

18 Septembre 1899.

A Mademoiselle Jeanne F...

J'aime ses grands yeux noirs, ses longs cheveux d'ébène
En son teint l'Orient a versé sa clarté.
Ah ! pourquoi le poète, en un site enchanté,
Ne pourra-t-il jamais respirer son haleine,
Ne pourra-t-il jamais encenser sa beauté ?
Excusez ces regrets dont son âme est trop pleine !

A Mademoiselle Lucie M...

Le nom que vous portez est d'azur et de flamme.
Un seul de vos regards le surpasse en beauté.
Ce nom brillerait moins si vous n'étiez son âme,
Il reçut de vous seule un éclat mérité.
En Lucie admirons le nom moins que la femme !

A une dame qui m'avait donné à lire l'amusante histoire d'un éléphant blanc, gros lot d'une loterie, gagné par un monsieur fort embarrassé de sa bonne fortune.

Madame Marie P...

Madame, votre nom incarne et signifie
Attraits, grâces, esprit, trois charmes de la vie.
Remarquez que ce nom est un bon numéro.
Il vous rendit trois fois reine à la loterie :
Eléphant blanc pends-toi ! tu n'es plus le gros lot.

18 Mai 1899.

A Mademoiselle Marie-Thérèse de la B...

Mêle à des chants d'amour de beaux rêves de gloire,
Ame si jeune ouverte aux nobles sentiments.
Reine fut ta patronne et de grande mémoire,
Idole, en ses sujets elle eut des cœurs fervents.
Elle est, comme ici-bas, au ciel toute puissante.

Tu dois de sa couronne un jour ceindre ton front.
Hâte-toi, sois pour nous son image vivante
Et que tant de vertus s'ajoutent à ton nom !
Reflet doux et flatteur à son âme emprunté.
En ton front noble et pur la majesté rayonne ;
Sur ton charmant visage est peinte la bonté
Et ces traits sont divins car c'est Dieu qui les donne !

A Madame Théonie M...

Ton nom est un hommage au père de la vie.
Hosannah ! gloire à Dieu ! c'est ce qu'il signifie.
En ton cœur, son ouvrage, il s'élève un autel
Où tu lui rends un culte empressé, solennel.
Nil, jadis sur tes bords la harpe éolienne
Imitait les accents de cette âme chrétienne
Exhalant son amour aux pieds de l'Eternel !

A Mademoiselle Thérèse X...

Tu donnes des billets au guichet d'une gare
Hâtée en ta besogne et pourtant l'air rieur.
En bloc les voyageurs, avec ou sans cigare,
Ravis et subjugués partent d'un front rêveur.
Et, dans les doux pensers où leur esprit s'égare,
Surprenant un regret plein d'un naissant amour
Eprouvent le désir de presser leur retour.

A Mademoiselle Virginie de la T...

Vierge, ton cœur à peine ouvert à l'existence
Ignore encor le mal, trop amère science !
Reste ce vase saint embaumé de vertu ;
Germe divin, grandis dans ce cœur ingénu.
Intact est un beau lis si la brise est clémente,
Nul souffle trop ardent n'altère sa fraîcheur.
Il est en toi ce lis, vertu, fleur odorante,
Et contre tout danger Dieu garde cette fleur !

J'ai commencé une petite comédie de salon, facile à terminer, qui a pour titre : *Au jeu de colin-maillard*.

La personne qui a les yeux bandés ne doit dire le nom de celle qui est prise ou qu'elle croit prise qu'à la suite d'un acrostiche sur ce nom. Alors seulement elle ôte son bandeau. Exemple : Antoinette, prise et reconnue par Hector, a le bandeau. Elle saisit le pan d'une jaquette qu'elle prend pour celle d'Hector, mais la jeune fille qui s'est affublée d'une jaquette, par dessus son corsage a mis, pour compléter l'illusion, une fausse barbe. Voici ce qui se passe :

Hector, c'est ta jaquette, ô mon gentil cousin ?
Oh ! tu sais t'esquiver, mais c'est ton tour enfin !
Roué, qui, pour me rendre impossible ma tâche,
Tient aussi loin qu'il peut sa barbe et sa moustache.

Elle finit par toucher la barbe.

Enfin, oui, c'est Hector, c'est son poil au menton !

Elle ôte le bandeau.

Hortense ôtant sa fausse barbe :

Ne vous emballez pas, mon enfant, c'est Hortense.

Antoinette, stupéfaite :

S'imaginer fillette avec barbe si dense !
Eh ! barbe change-t-elle ainsi de garnison ?

Plus loin, Joséphine, qui a les yeux bandés, prend Myrtile et la reconnaît à sa bague, mais elle n'en dit

rien. Après s'être fait conduire au milieu du salon, elle la prie de monter sur un tabouret.
Puis, s'adressant à la société :

Mes amis, c'est de près qu'il faut voir cette image.
Y voir de près la fait admirer davantage.
Remarquez l'air modeste et le noble maintien,
Traits purs, on vous retrouve en Raphael, Titien.
Il est en vous de plaire et d'inspirer l'idylle.
L'éloge est un supplice aux cœurs comme le sien
Et, dans sa bague au doigt, j'ai reconnu Myrtile.

A UNE CÉLIBATAIRE

Vous avez traversé l'enfance et la jeunesse
En celle-ci gardant le cœur de celle-là.
Goûtant du vrai bonheur la tendre et douce ivresse,
   Votre mère était là.

De l'âge des amours vous ne faites qu'un somme !
En vous le Dieu vainqueur n'a gravé nul souci :
Au doux penchant inné de la femme pour l'homme
   Votre père a suffi.

En même temps vos sœurs entraient dans la carrière
Où de beaux jeunes gens les menaient par la main.
Vous n'avez pas rejoint près d'elles leur bannière
   Traçant votre chemin.

Cependant fille prête à tous les sacrifices,
Vous chérissez vos sœurs dans leurs jeunes enfants,
Prenez d'eux mille soins, calmez pleurs et caprices,
   Remplacez leurs parents.

Oui, mais ils disent tous avec leur bouche rose :
Ma tante et non maman ! et ce titre est si doux,
Qui de tant de douleurs et console et repose ;
   Hélas ! n'est pas pour vous.

Ce soin ne peut suffire à remplir votre vie.
Le ciel avait en vous placé plus de talents.
Au jour du jugement j'entends la voix qui crie :
    Où sont ils vos enfants ?

Il faut du Dieu d'amour mériter la couronne,
A l'imiter en tout mettons un soin jaloux :
Celui qui nous créa n'est l'oncle de personne.
    Il est père de tous !

Malheur, dit un saint livre, à qui la solitude
Tient le cœur engourdi, drapé dans un linceul.
Pour l'homme seul le ciel est sans sollicitude :
    Malheur à l'homme seul !

Et moi qui fus épris de beautés fugitives.
A l'amour conjugal arrivant par degré.
Je veux vers cet amour tourner les forces vives
    Que je leur consacrai.

Ne nous attardons pas sur la rive déserte
D'où les couples amis sont partis deux à deux.
L'amour étend son aile et la route est ouverte :
    Envolons-nous comme eux !

De ces gais voyageurs que l'exemple séduise !
Leur cœur vibrant d'amour a des élans joyeux ;
En voyant leur bonheur il faut que chacun dise :
    Ce sont les plus heureux.

Je veux, avant le glas de son heure dernière,
Voir, en des jours sereins, en des jours triomphants,
Une troisième fois ma mère heureuse et fière
    De ses petits enfants.

                              Mai 1894.

L'auteur du *Nouvel Angelus* et des acrostiches sur les saints noms de Jésus, Marie, Joseph a l'honneur de se mettre, à titre gracieux et dans la mesure de ses forces hélas! très restreintes, à la disposition de celles de ses aimables lectrices qui désireraient avoir un acrostiche personnel sur leur petit nom, ou un sonnet, une petite pièce de vers.

Il a eu plusieurs fois déjà l'agrément de chanter trois beautés sur le même nom et de faire même quatre acrostiches sur un autre, toujours avec un nouvel idéal en vue.

S'il en avait les moyens, il ferait volontiers paraître, une fois par mois un journal, où ne reproduisant que le chiffre et les initiales de ses lectrices, il répondrait de son mieux à leurs poétiques demandes.

Elles peuvent avoir la douce assurance que, docile à la voix de la sagesse, il n'accordera jamais sa lyre que pour Dieu, la patrie, l'honneur, les enfants et les chastes amours.

Prière de lui écrire, par lettre recommandée, bureau restant, à Marmande (Lot-et-Garonne).

Je m'étais proposé de terminer ce livre sans faire appel à la chaste Muse des vers tendres et délicats. Mais elle est accourue et a réclamé sa place à mon foyer solitaire où brille désormais la sainte image de ma Muse divine « la benoîte Vierge Marie ».

Comment ne pas ouvrir toute grande ma porte à cette

visiteuse aimable et empressée, aux jolis noms qu'elle a prononcés, aux qualités et aux vertus qu'ils rappellent ?

Quand j'aurai publié encore : *Salut à Paris !* et *Jeanne d'Arc,* deux noms synonymes d'honneur et de patrie, j'aurai rendu un premier hommage, devant mes indulgents lecteurs, à tout ce qui mérite d'être chanté ; ma lyre, écho de l'âme humaine, en aura redit quelques accents, faiblement sans doute, mais en les puisant tous à la source divine d'où vient le sentiment de notre dignité et de notre grandeur.

ACROSTICHE

Fait à Paris le 21 mai 1899, sur ce vers alexandrin :

Salut, grande cité, Paris la noble ville !

———

Souriante déesse, idéale, adorée,
Arrivé dans tes murs je t'aime et je te vois.
Le ciel m'accorde enfin la faveur implorée :
Un doux avenir s'ouvre, ô belle, entends ma voix !
Tout puissant est l'éclat de ton front, dans la nue,

Gardant ce trait divin qu'on nomme Majesté.
Reine illustre, jamais ville n'est apparue
Ayant à tant de gloire un droit incontesté.
Nos cœurs, tout cœur français bat avec violence
Dans un élan d'amour pour Paris, ce flambeau !
Et bientôt que d'amis vont lui venir de France,

Car la France en Lutèce adore son berceau !
Il est, sur tes parvis, une royale idole,
Tout l'univers accourt se jeter à ses pieds.
Eve, ange nous ravit, ou démon nous affole ;

Parisienne, avec toi que d'heureux prisonniers !
Apprise à tes leçons la province féconde
Renvoie au grand Paris des femmes de bon ton.
Il s'en trouve partout, certes, de par le monde,
Soyons ravis, Messieurs, de la contrefaçon !

L'étranger, qui sait bien choisir sa résidence,
Aime fort, bon Paris, ton hospitalité.

Nous triomphons du monde ainsi conquis d'avance.
Oh ! tant mieux pour le monde et pour l'humanité.
Boulevards, vous ouvrez d'immenses perspectives ;
Le temps seul m'a manqué pour vous tous parcourir.
Et vous, fiers monuments, ornement des deux rives.

Vous êtes le passé qui ne doit pas périr !
Il tend loyalement la main à l'avenir.
Le présent puisse-t-il bien renouer la chaine !...
L'eau coule, en attendant, sous les ponts de la Seine
Et partout j'aperçois le flot humain grossir.

ACROSTICHE

Composé au lendemain de Fashoda

JEANNE D'ARC

Je vois frémir en toi l'âme douce de France
Et ton noble regard suscite des héros.
Allumeurs de bûchers, Anglais, votre insolence
Nous verra tous demain soldats ou matelots.
Nos cœurs sur tes autels oublieront leurs discordes.
Et ce miracle enfin c'est toi qui le feras !

D'ennemis conjurés chassons flottes et hordes !
A la fin de ce siècle il a manqué ton bras.
Rends-nous ton héroïsme, enfant, vierge si belle,
C'est lui qui doit sauver la Patrie immortelle !

Quelques personnes bienveillantes m'ayant conseillé de publier encore quelques acrostiches, j'ai dû les mettre à la suite de celui sur Jeanne d'Arc, comme une escorte d'honneur, une partie du tirage ayant eu lieu, ce qui ne permettait plus de les intercaler parmi les autres.

Invocation d'un père à sa fille. Mademoiselle Amélie C.... victime, à dix-sept ans, d'un mortel accident de voiture.

« **A**ux cieux où te ravit, malgré moi, ton bon Ange.
Mes yeux, ô chère enfant, voudraient t'apercevoir
Et ce n'est pas assez pour moi de t'y savoir !
Lis pur, quitte un instant la céleste phalange. »
Inconsolable cœur, père tendre et pieux
Espère, il t'est promis de la rejoindre aux cieux!

Janvier 1899.

A Mademoiselle Angèle X...

Ange par ton essence et par ton nom Angèle.
N'avoir que ton amour serait assez pour moi.
Gracieux souvenir, je te serai fidèle !
Espérer le bonheur le puis-je, loin de toi ?
Lis et rose ton teint, tes yeux, ta chevelure
En eux ont le reflet de ta riche nature.

Mai 1892.

— 34 —

A Mademoiselle Cécile X...

C'est plaisir de te voir quand ta bouche, en riant,
Etale son trésor de perles d'Orient.
Ces yeux, miroir charmant de ton âme immortelle,
Imitent la couleur de la voûte éternelle.
La grâce en toi séduit, blonde pleine d'attrait.
Et, jusqu'en tes cheveux, tout me charme et me plaît.

A Mademoiselle Céleste de B.-B... plus tard baronne de W...

Céleste est du bonheur la plus haute formule
Et d'une fille d'Eve aussi le nom flatteur.
Le bonheur de t'aimer n'est-il donc pas l'émule
Et le frère ici-bas du céleste bonheur ?
Sous l'œil tissé d'azur où se penche ton âme,
Tranquille elle scintille, astre, vive lueur,
Essence digne en tout de l'ange et de la femme !

A un joli et gros garçon de près de deux ans, qui s'appelle Elie, comme son grand-père.

En un char flamboyant tiré par un quadrige
Le petit-fils d'Elie est descendu des cieux.
Il a du saint prophète imité le prodige
Et leur route céleste est un sillon de feu !...

Octobre 1899.

A Madame Elisabeth de X...

Est-il plus grand modèle et plus beau nom de sainte ?
Le Seigneur te fit don d'un port majestueux.
Il me plaît de te voir et de venir sans crainte,
Sous leurs feux affronter l'éclat de tes yeux bleus.
A ton époux, à toi, que douce est l'existence !
Béni soit donc le jour où le ciel vous unit.
En un long avenir vous avez l'espérance ;
Tout, jusqu'en vos enfants, vous charme et vous sourit.
Heureux, si vous savez bénir la Providence !

A Mademoiselle Geneviève de X....
dont le père s'est remarié.

Garde le souvenir d'une mère chérie
Enfant qui, toute jeune, as perdu son soutien.
N'as-tu pas rencontré, pour t'apprendre la vie,
En celle-ci si bonne ! un cœur comme le sien ?
Vierge, aux yeux de treize ans, l'avenir est en rose.
Ils ne voient dans le ciel nuage ni point noir
Et le poète ami te souhaite une chose :
Vivre et rester toujours sans en apercevoir !
En cet espoir si doux que ton cœur se repose.

A Mademoiselle Marie de X...,
rose et blonde fillette de quatre ans.

Mignonne, montre-nous ta poulette chérie.
Aurore aux yeux d'un bleu plus tendre que l'azur.
Reste étrangère, enfant, aux chagrins de la vie !
Il existe contre eux un asile bien sûr
En cet âge où ton âme est encore endormie.

Un jeune homme de vingt ans
à Mademoiselle Marie-Louise X...

Mon cœur a ressenti l'attrait pur d'une femme !
A son charme vainqueur je cède sans retour.
Reine, elle a pris des droits absolus sur mon âme.
Idole, je lui sers l'encens de mon amour.
En elle est ta plaintive amante, ô Lamartine,
L'aigle qu'une colombe un instant captiva.
Oui, c'est elle à seize ans ! c'est sa voix argentine !
Un amour aussi grand dans cette âme enfantine !..
Il nous fit tous pleurer, ton sort, Graziella.
Seize ans ! l'âge d'aimer... que ta mort fut cruelle !
Et je veux te venger en mourant pour ma belle !

9 Octobre 1899.

Une Promenade sur le golfe de Naples

Un beau jeune homme, la rame à la main, montant une embarcation élégante et légère, accoste le rivage parfumé d'orangers. Victoria, jeune fille accompagnée de sa gouvernante, prend place à son côté, pendant qu'il lui dit :

Viens, repoussons du pied cette grève odorante,
Il se lève un vent frais sur l'onde murmurante,
Courons, trois, sous le ciel, loin des bois d'orangers...
Ton front est près du mien, ta pose est nonchalente,
Ouvrons nos cœurs, laissons flotter nos doux pensers.
Rames, abandonnez ma main inattentive ;
Il est doux de voguer longtemps à la dérive
Au bruit réjouissant de nos soupirs légers !

A UNE VEUVE

On vous a dit : un monsieur se présente,
Très flatteur est ce qu'il pense de vous.
Et vous croyez : ma fortune le tente,
Oh! c'est trop peu pour être mon époux!

Belle aux yeux bleus, à la démarche fière,
Les froids calculs sont bannis de mon cœur.
Vil intérêt, sentiments bas, arrière!
Vous gâteriez mon rêve de bonheur.

Vous a-t-on dit que mon âme est ardente,
Que l'amour seul rendra mes jours heureux;
Que vous aimer m'enivre et me contente,
Vous a-t-on dit que j'étais amoureux?

Car je l'étais d'une femme inconnue,
Et je compris vite que c'était vous,
En m'écriant : C'est elle que j'ai vue!
Quand on me fit votre portrait si doux.

Et ce portrait fut fait par l'Espagnole
Qui de mon cœur entendit les aveux.
Seule avec vous, répétant ma parole,
A-t-elle dit que j'étais amoureux?

A ce balcon près de votre fenêtre,
Depuis trois mois que je vous aperçus,
J'ai bien souvent, croyant vous voir paraître,
Levé les yeux, mais je ne vous vis plus.

En apprenant que c'est votre demeure,
O belle dont je recherche la main,
Je dis tout bas : celle que mon cœur pleure
Sera-ce donc ma femme, un jour prochain?

. . . .

Une dernière fois ma voix vous importune.
C'est pour vous dire, avec serment,
Que je possède encor, et jeunesse, — et fortune.
Avoir un cœur aimant n'en est-ce donc pas une?
Et je vous offre tout tremblant,
A ce dernier appel, à cette heure suprême,
Où vous vous prononcez, Reine, ce diadème:
Mon nom et mon faible talent.

Novembre 1893.

MA DEVISE

« Etre déçu toujours et toujours espérer ! »
Mon cœur toujours déçu revient à l'espérance,
Elle arrête mes pleurs souvent près de couler,
C'est l'Ange dont la vue apaise la souffrance.
A défaut de bonheur qu'il est doux d'espérer !

www.ingramcontent.com/pod-product-compliance
Lightning Source LLC
Chambersburg PA
CBHW060503050426

42451CB00009B/796